Jean Bungartz

Pflege und Zucht der Zwergpapageien und Sittiche

Kurze Anleitung zur Behandlung und Pflege

Jean Bungartz

Pflege und Zucht der Zwergpapageien und Sittiche
Kurze Anleitung zur Behandlung und Pflege

ISBN/EAN: 9783337357221

Hergestellt in Europa, USA, Kanada, Australien, Japan

Cover: Foto ©Lupo / pixelio.de

Weitere Bücher finden Sie auf **www.hansebooks.com**

Pflege und Zucht

der

Zwergpapageien

und Sittiche.

Kurze Anleitung zur Behandlung
und Pflege

von

Jean Bungartz,

Thiermaler, Ritter p. p.

Druck u. Verlag von Ferd. Bungartz, Lechenich.

Vorwort.

Mit vorliegendem Werkchen wird nicht beabsichtigt, weder eine wissenschaftliche Abhandlung noch eine eingehende Erörterung über Zucht &c. zu geben, sondern dem Liebhaber auf Grund langjähriger Beobachtungen und praktischer Erfahrungen, einen kurzgefaßten Rathgeber, der alles wünschenswerthe in knapper Form bringt, an die Hand zu geben.

Wer sich eingehend mit Zucht &c. befassen will, muß sich dieserhalb schon an die reichhaltig vorhandene Fachlitteratur wenden, und wird in dieser sicher gute Lehrer und Förderer finden. Wir beschränken uns lediglich auf das Allgemeine der Liebhaberei und hoffen trotz der kurzen Fassung, doch ein übersichtliches Bild über das Ganze zu bringen.

Ebenso sind wir gern bereit, in allen außerordentlichen Fällen, Rath zu ertheilen (gegen Einsendung von 50 Pfg. in Briefmarken); wie wir jederzeit über reelle Bezugsquellen von Thieren, Käfigen, Futter und dergl. Auskunft zu geben bereit sind; auch verweisen wir dieserhalb auf die letzte Umschlagseite.

Sollten Liebhaber und Züchter, uns für eine demnächstige Auflage mit gemachten Beobachtungen und erprobten Erfahrungen unterstützen wollen, so nehmen wir gern und mit Dank derartige Beiträge entgegen.

Lechenich, Rheinpr. 1895.

Jean Bungartz,
Thiermaler.

Allgemeines.

Das Halten und die Zucht der Sittichen und Zwergpapageien gewährt dem Vogelfreunde eine Quelle der reichsten Unterhaltung und auch die Zucht kann, wenn verständig betrieben, einen lohnenden Ueberschuß bringen; dies gilt namentlich von der Zucht des Wellensittichs.

Hält man nun Sittiche und Zwergpapageien entweder im Käfig, in der Voliere oder der Vogelstube, immer und zu jeder Zeit wird man an den buntfarbigen Papageichen und ihrem munteren Treiben Gefallen finden.

Die Zeit der Brutperiode ist, wenn man das Glück hat ein gutes zuchtfähiges Paar zu besitzen, die interessanteste, weil sie der Abwechselung so viele bietet. Zunächst das Aussuchen einer passenden Nistgelegenheit, dann die Herstellung desselben, nun das Benehmen der sich zärtlich liebenden Vögel, dann das Gelege und die Aufopferung mit welchem das Männchen sein Weibchen füttert und endlich die ausgekommenen jungen Vögel; fliegen diese erst aus und beginnen selbstständig zu werden, so ist die Freude gewiß keine geringe.

Was die Haltung kleiner Papageien noch interessanter macht, ist daß einige ungemein zahm werden und auch wenige Worte sprechen lernen. So sahen wir noch kürzlich einen sehr zahmen Mönchsittich, der ohne weiters auf den vorgehaltenen Finger stieg und sich so apart liebenswürdig benahm, daß es eine wahre Freude war, dabei gab er angenehm zwitschernde Töne von sich und auch wohl Worte, die indeß schwer verständlich waren.

Befaßt man sich eingehend mit den Sittichen und Zwergpapageien, hegt und pflegt sie, so werden sie so zutraulich wie kein anderer Vogel; ja, im Käfige gehalten, veranlassen sie den Pfleger immerzu, sich mit ihnen zu beschäftigen.

Da die meisten dieser Vögel verhältnißmäßig niedrig im Preise stehen, so ist selbst der unbemittelte Vogelfreund in der Lage, sich den Genuß, welchen die schönen Vögel in der Gefangenschaft gewähren zu gestatten und darauf möchten wir speciell durch diese kleine Arbeit hinwirken.

Behandlung und Pflege.

Gewöhnlich hält man Sittiche, wenigstens die kleineren, und Zwergpapageien paarweise, da sie so besser ausdauern und bei geeigneter Einrichtung auch zur Fortpflanzung schreiten. Als Aufenthalt giebt man ihnen einen geräumigen Käfig, eine große geschützte Voliere im Freien oder die Vogelstube, letztere gewähren den Vorzug, daß man mehrere Paare der verschiedensten Sittiche &c. zusammen halten kann. Im Käfig gewöhnen sie sich leichter an den Pfleger und werden auch zahmer wie in der Voliere oder der Vogelstube. In diesem hält es schwer, weil sie sich der Beobachtung mehr entziehen und auch die unmittelbare Nähe ihres Pflegers meiden. Setzt man aber im Käfig zahm gewordene Sittiche &c. in die Vogelstube, so behalten sie auch in dieser meist ihr zutrauliches Wesen, kommen auch wohl auf Schulter oder Hand geflogen und nehmen gereichte Leckerbissen ohne Scheu aus der Hand an.

Im Allgemeinen ist die Pflege wenig zeitraubend, sofern man für Reinlichkeit sorgt, sie vor Kälte und Zugluft schützt und ihnen gutes Futter und was sonst nothwendig ist, regelmäßig reicht.

Plötzliches Erschrecken, hastiges Angreifen, herumjagen und dergl. können die Sittiche &c. nicht ertragen und es ist absolut nöthig, daß man ihnen mit Ruhe und Vorsicht naht und beim Reinigen der Käfige &c. sie möglichst wenig stört. Gut gepflegte Sittiche &c. empfangen ihren Pfleger mit fröhlichem Gezwitscher oder einem selten lästig werdenden Geschrei, zeigen sich wenig ängstlich und vergnügen fortwährend durch anmuthiges Gebahren.

Luft und Licht muß auch ihnen wie jedem andern Thier in der Gefangenschaft zugänglich sein, damit sie sich wohl befinden und gedeihen.

Fütterung.

Das Futter für Sittiche und Zwergpapageien besteht aus einfachen Sämereien, meist Hirse, Kolbenhirse, Kanarien- oder Spitzsamen, geschälter Hafer, Hanf, aber diesen nur mäßig und bei den größeren Sittichen auch wohl kleiner Mais (Perlmais). Außerdem lieben sie Obst, namentlich Beeren und unsere Sittiche verzehren mit Vorliebe das ganze Jahr die Beeren der Eberesche sowohl frisch wie getrocknet.

Halbreifer Hafer in Aehren, ebenso Grassämereien am Halm sind besondere Leckerbissen, dabei gebe man ihnen Zweige wovon Weidenzweige mit Knospen und Blättern bevorzugt werden. An diesen wird fleißig herumgeknabbert, zarte Knospen und Blättchen verzehrt und das Holz entrindet; immerhin giebt ihnen dieses nebenbei eine angenehme Beschäftigung und erwünschte Zerstreuung.

Während der Brutzeit gebe man den Brutvögeln frische Ameiseneier und Eierbrod damit sie bei Kraft bleiben und was besonders gern bei Aufzucht der Jungen genommen wird. Dagegen vermeide man Zucker, Backwerk, Salat und Kohl, namentlich letztere sind eher schädlich als nützlich.

Am richtigsten bleibt immer ein Gemisch von Sämereien, wie wir es bei den einzelnen Vögeln angeben. Noch sei erwähnt, daß man denselben eine Sepiaschale in den Käfig oder deren mehrere in die Vogelstube hängt, auch Mauerkalk hineinlegt, dessen sie während der Brutperiode zur Bildung der Eierschalen bedürfen.

Das Trinkwasser muß stets abgestanden aber rein sein, zu kaltes ist schädlich und verursacht Krankheiten.

Im Uebrigen ist die Fütterung wie aus Vorstehendem zu ersehen eine einfache, leichte und wenig kostspielige, nur trage man dafür Sorge, daß die Sämereien rein und bester Qualität sind, denn schlechtes Futter benimmt dem Vogel die Freßlust und läßt ihn abmagern.

Zucht.

Beabsichtigt man zu züchten, so muß man zunächst dafür Sorge tragen, daß man von einem zuverlässigen Händler oder Züchter kräftige, gesunde und nicht zu alte Zuchtpaare bezieht und bevor man sie in die Vogelstube oder Voliere einsetzt, zunächst in einem geräumigen Käfig eingewöhnt, in welchem sie unter günstigen Verhältnissen auch zur Brut schreiten.

Der sicherste Beweis der Paarung ist, wenn die Vögel die Nestgelegenheiten untersuchen. Als solche eignen sich am besten die verschiedenen Holznistkasten mit Sitzstange und Einschlupfloch. Verweilt einer des Paares öfter und längere Zeit in dem Kasten oder wechseln sich beide hierin ab, so darf man sicher sein, falls keine Störungen eintreten, daß sie zur Brut schreiten. Man lasse sie ganz ungestört, denn die Erfahrung hat gelehrt, daß sie oft bei der geringsten Beunruhigung Nest, Gelege etc. verlassen und dann lange keine Anstalten zu einer weiteren Brut unternehmen.

Im Nistkasten, dessen Boden muldenförmig vertieft sein muß, ist weiter nichts anzubringen als wie eine Schicht von Sägespänen und diese auch nur einige Millimeter hoch; weiteres Nistmaterial brauchen sie nicht, höchstens der Mönchsittich, der allein freistehende Nester aus dünnen Reisern baut, muß diese in genügender Menge haben.

Nach einiger Zeit wird das Päärchen merkwürdig ruhig, man sieht das Weibchen seltener vor dem Nest, und auf der Sitzstange hält das Männchen treulich Wacht, versorgt die Brüterin reichlich mit Futter und sucht jede Störung fern zu halten. Manche Männchen sind während dieser Zeit wenig umgänglich und sogar boshaft und bissig.

Die Neugierde muß man zügeln, denn die Nester

dürfen nicht nachgesehen werden, es sei denn daß es ein nach außen hängendes Nest am Käfig ist; doch auch dies muß mit äußerster Vorsicht geschehen, wenn man nicht will, daß das Weibchen sein Nest verläßt. Die Eier der kleinen Papageien haben alle eine weiße Farbe und die der verschiedensten Arten gleichen sich in Form und Farbe mehr oder weniger.

Etwa in der vierten Woche wird bei einem gut bebrüteten Gelege eine wesentliche Aenderung eintreten. Das Männchen wird unruhiger, fliegt fortwährend zum Futternapf, füllt den Kropf und kehrt schleunigst zum Nest zurück. Bei aufmerksamem Lauschen hört man leises Pipsen oder Gezwitscher; die Jungen sind ausgekommen — aber auch jetzt noch und bis zum Ausfliegen derselben Geduld und möglichste Ruhe. Erst wenn die Jungen am Flugloch erscheinen und um Futter betteln, kann man vorsichtig den Deckel des Kastens lüften und nachschauen, denn nun ist die Zeit gekommen wo die Jungen bald das Nest verlassen werden. Dies ist für den Vogelfreund der interessanteste Theil der Brutperiode, sieht er doch seine Mühe und Sorgfalt belohnt und kann sich nun an dem beginnenden Familienleben ergötzen.

Sobald die Jungen das Nest verlassen, muß immer reichlich Futter bereit stehen, da sie bald selbst zur Aufnahme desselben übergehen. Alle tieferen Gefäße mit Wasser sind zu vermeiden, damit die Vögelchen nicht ersaufen, höchstens kleine flache Schüssel oder besser noch pneumatische Trinkgefäße, um somit jegliche Gefahr zu beseitigen. Auch eignen sich flache Schüsseln besser zum Baden der Vögel.

Vogelstube.

Geräumige Käfige, ebenso Zuchtkäfige wie auch die verschiedenen Nistkasten führen jede bessere Vogelhandlung, und dürfte deren Beschreibung überflüssig sein. Volieren werden meist nach einer Zeichnung angefertigt und richtet sich deren Herstellung nach Raum, Lage und Mittel, dagegen soll die Beschreibung einer einzurichtenden Vogelstube hier kurz folgen.

Zu einer Vogelstube eignet sich jedes Zimmer; die beste Lage ist nach Süden oder Südwesten, denn Sonne und Licht muß einfallen um den Raum zu erhellen und zu erwärmen. Die Fenster müssen von außen mit engem Drahtgeflecht verschlossen sein, damit dieselben bei gutem Wetter geöffnet werden können. Je nach der Größe des Raumes und der Zahl der zu haltenden Vögel, kann man die Vogelstube in Abtheilungen einrichten und dies erzielt man leicht und ohne große Kosten durch Rahmengestelle von Holzlatten, die mit engem Drahtgeflecht überzogen werden. Auf diese Weise lassen sich leicht Absperrungen und besondere Bruträume herstellen. Die Wände der Vogelstube dürfen weder in Oelfarbe gestrichen noch mit Tapete überzogen sein; am besten ist glatter Mörtelverputz und gekalkte Wände. Den Fußboden muß man so herrichten, daß er nicht zu kalt ist und mit einer Lage Fluß- oder Bachsand versehen, zudem öfter reinigen um dem Ungeziefer die Gelegenheit zu nehmen, sich einnisten zu können. Auch die Holzlatten der Rahmengestelle dürfen nicht mit Oelfarbe gestrichen sein, weil Papageien diese benagen und bleihaltige Farben zu Vergiftungen und schmerzlichem Tode führen.

Das Innere der Vogelstube muß man entsprechend ausstaffiren und zwar durch hohle Baumstämme,

Grottensteine, Aesten die man allenthalben annagelt, in Töpfen oder Kübel stehende Sträucher, Pflanzen &c., weiter durch aufzuhängende Nistkasten in genügender Zahl.

In der Mitte der Vogelstube ist ein kleines flaches Wasserbassin anzubringen und kann man dies noch zu einem Springbrunnen herrichten, desto schöner wird sich das Ganze machen. Als Trinkgefäße nehme man die pneumatischen, weil sich in diesen das Wasser länger frisch und auch sauber erhält; auch die Freßgeschirre sollten gegen Beschmutzung geschützt sein, und es giebt deren viele die zweckentsprechend konstruirt sind. Oeftere Lüftung — im Sommer — täglich muß stattfinden, um die verdorbene Luft durch frische zu ersetzen, wie denn auch peinlichste Reinlichkeit in der Vogelstube herrschen sollte.

Sittiche.

Der Wellensittich. (*Psittacus undulatus.*) Unter den Sittichen ist der Wellensittich einer der bekanntesten und verbreitetsten in der Vogelliebhaberei, und seine Zucht ist ebenso dankbar wie lohnend.

Seine Heimath ist Australien, woselbst er in ungeheuren Schaaren zur Brutzeit die grasreichen Ebenen aufsucht und wenn diese nicht mehr genügend Nahrung bieten, nordwärts zieht. Die Sämereien der verschiedenen Grasarten namentlich das „Känguruhgras" bilden seine bevorzugte Nahrung. Die Nester werden in hohlen Bäumen, in Baumlöchern und selbst in Höhlungen des Wurzelstockes von Bäumen angelegt. Das Nest selbst ist kunstlos, höchstens wird als Unterlage etwas Holzmull benutzt auf welchen die einfarbigen weißen Eier gelegt werden. Die Bebrütung dauert 18 Tage, seltener mehr und die Jungen bleiben 8 Tage blind. Nach dieser Zeit sprossen die Federn resp. Kiele hervor und die Nestlinge verlassen erst mit vollständiger Befiederung das Nest. Die Brutzeit fällt bei uns gewöhnlich in die Wintermonate, meist Dezember. Höchst anmuthig ist das Benehmen eines Päärchens Wellensittiche im Käfige oder auch in der Vogelstube besonders zur Brutzeit. Emsig an den Stäben des Käfigs oder in den angebrachten Aesten herumkletternd und nagend, hurtig über den Boden hinlaufend, gewandt zwischen den Aesten und dem Gebüsch hindurch fliegend, immer beweglich, gegenseitig schnäbelnd und liebkosend, bietet ein Paar dieser kleinen Sittiche das Bild der steten Unruhe und Beweglichkeit. Im allgemeinen verträglich wird der Friede nur dann gestört, wenn überzählige Weibchen die Hecke ober Vogelstube bewohnen. Dann beginnt ein Verfolgen und Befehden mit solcher Hartnäckigkeit und Ausdauer, wie man sie den sonst so liebenswürdigen Vögeln nicht zutrauen sollte. Dagegen werden die Männchen in Ueberzahl selten zum Verhängniß, im Gegentheil, sie suchen sich durch Auffüttern der noch nicht flüggen und bereits ausfliegenden Jungen nützlich zu machen.

In der Gefangenschaft bietet man dem Wellensittich künstliche Niststätten, sog. Nistkästen mit Schlupfloch, dessen Boden eine seichte Vertiefung hat. Nothwendig ist es indeß, daß man mehr aufhängt wie Paare vorhanden sind, damit die Vögel sich nach Belieben eine Brutstätte wählen können. Eines besonderen Nistmaterials bedarf es nicht, höchstens daß man den Boden des Nestes einige Millimeter hoch mit Sägespäne bedeckt. Die so hergestellten Nester werden von den Sittichen aufs eifrigste untersucht und endlich auch bezogen. Das Gelege besteht in der Regel aus 4 —6 Eier seltener mehr, die vom Weibchen bebrütet werden. Dieses verläßt nur zur Reinigung das Nest und wird während der Brutperiode vom Männchen aufs sorgsamste gefüttert; diese Fütterung dauert auch noch fort, wenn die Eier ausgefallen sind, und das zärtliche Männchen versorgt jetzt auch noch die Fütterung der Jungen. Diese sind in den ersten Tagen recht unansehnlich, plump und nackt, bedecken sich dann mit gelbweißem Flaum, aus dem nach 8 —10 Tagen die ersten Kiele sprossen. Im weiteren Verlauf der Befiederung zeigen sich dann zunächst die gelben Spitzen der Schwungfedern bis nach etwa 30 Tagen das Federkleid ziemlich ausgebildet erscheint und der Vogel das Nest verläßt. Die jungen, bereits vollständig ausgefiederten Wellensittiche sind von den Alten leicht zu unterscheiden; während bei Letzteren die Stirn reingelb ist, zieht sich bei den Jungen die schwarze Strichelzeichnung bis zum Schnabel hin, auch ist das Federkleid im Ganzen mattfarbiger.

Sobald die Jungen selbständig sind, müssen sie von den Brutpaaren getrennt werden, da diese oft noch zur zweiten und dritten Brut schreiten und die erst ausgekommenen Jungen nur Anlaß zu Störungen geben würden. Diese sind mit 9 Monaten bereits fortpflanzungsfähig.

In der Gefangenschaft füttert man den Wellensittich mit Hirse und Kanariensamen je zur Hälfte und mit geschältem Hafer; letzterer leistet zur Brutzeit gute Dienste. Als Leckerei ist in der Reife stehender Hafer auf dem Halm, dann Baumzweige, von welchen Weiden bevorzugt werden, etwas kalkhaltige Stoffe z. B. Sepiaschalen zu reichen. Zu vermeiden ist Hanf, höchstens in ganz geringer Quantität für entkräftete Vögel, Salat, alle Kohlarten &c. Die Nahrung ist einfach und der Wellensittich befindet sich dabei wohl.

Alles hier in Bezug auf Haltung angegebene ist auch für die übrigen Sittiche maßgebend.

Die Stimme des Wellensittich ist ein angenehm zwitschernder Gesang, der niemals lästig wird; einzelne Exemplare lernen wohl auch einige Worte sprechen.

Ausgefärbte Männchen sind an Stirn, Oberkopf vom Schnabel an bis zur Mitte des Kopfes, an Wangen und Kinn hochgelb, auf der Mitte der Wangen einige Federchen prachtvoll hellblau wie Punkte aussehend und an den beiden Wangenseiten nach unten zu zwei ähnliche ovale schwarze Fleckchen. Vom Oberkopf abwärts über Rücken, Schulter und Flügel grünlichgelb, fein schwarz quer gewellt, auf den Schultern und den Flügeln ist die schwarze Zeichnung halbkreisförmig. Die Schwungfedern sind schwärzlich, hellgelb gesäumt. Die Unterseite des Körpers, Bürzel und Hinterleib hellgrasgrün, die zwei mittelsten verlängerten Schwanzfedern dunkelblau, die übrigen Schwanzfedern grünblau mit breitem, gelbem Mittelfleck. Schnabel grünlich horngrau, Wachshaut lebhaft dunkelblau glänzend, Füße bläulich-grau mit schwarzen Nägeln. Das Weibchen ist ein wenig kleiner sonst gleich gefärbt wie das Männchen, nur sind die blauen Wangen und schwarzen

Bartflecken kleiner und weniger grell von Farbe; auch ist die Wachshaut des Schnabels mehr grau.

Abnorme Färbungen sind ganz gelbe und gelblichweiße Wellensittiche.

Der rothschultrige Schönsittich. (*Psittacus pulchellus.*) Ein hübscher, farbenprächtiger Sittich auch „Türkisin" genannt und aus Australien stammend. Ein etwas träger, mürrischer Vogel, der erst mit Eintritt der Dämmerung etwas an Leben gewinnt und dann emsig in seinem Käfig herumklettert. Im allgemeinen wird dieser Vogel als wenig widerstandsfähig angesehen und dies mag auch bei den meisten frisch eingeführten Vögeln, die durch ungeeignete Ernährung heruntergekommen sind, der Fall sein. Nach eigenen Beobachtungen hält sich aber dieser Sittich einmal akklimatisirt bei entsprechender Pflege jahrelang und wir haben selbst im Winter in ungeheiztem Zimmer ein Paar ohne Schaden durchgebracht. Dieses Paar schritt auch zur Brut, brachte aber das Gelege nicht durch.

Der Schönsittich ist ein reizend gefärbter Vogel. Oberkörper dunkelgrün, Unterkörper lebhaft goldgelb, Gesicht rings um die Augen und Stirn himmelblau, grüner Zügelstreif, Schulterfleck tiefroth, Oberflügel hellblau, untere Flügeldecken dunkelblau ebenso die Schwingen, die unterseits schwärzlich sind. Schnabel schwarz-grau, Füße röthlich-grau, Auge dunkel. Bei älteren Männchen zeigt sich am Bauch ein röthlicher Fleck. Das Weibchen ist weniger lebhaft gefärbt, sieht im Ganzen düsterer aus; das Grün auf dem Rücken zieht ins graue über, die Abzeichen an Stirn und Flügel sind matter und schmäler und es fehlt der Schulter- und Bauchfleck. Futter wie Wellensittich.

Der Alexandersittich (*Psittacus torquatus*) in der Größe einer Haustaube, ist ziemlich häufig und unter den Sittichen wohl der begabteste, da er am ehesten und leichtesten Worte nachsprechen lernt. Vor Jahren besaßen wir einen Alexandersittich der ausnahmsweise zahm war, mehrere

Worte sprach und einige kurze Sätze wie: „Guten Morgen Papa" &c. zusammenbrachte. Infolge seiner leichten Zähmbarkeit, nicht minder durch sein zutrauliches Wesen und seine Aufmerksamkeit würde er, fiel nicht sein überaus unerträgliches Geschrei zu seinem Ungunsten in die Wagschale, einer der beliebtesten Sittiche sein, die auch einzeln im Käfig oder auf dem Ständer gehalten werden können.

Die Heimath des Alexandersittich ist Afrika und Asien, woselbst er oft in ungeheuren Schaaren die Felder heimsucht. Er nistet in hohlen Bäumen, Erdlöchern und selbst in der Nähe menschlicher Wohnungen, in Mauerlöchern &c. In der Gefangenschaft züchtet er unter günstigen Verhältnissen mit Erfolg.

Futter vorwiegend Kanariensamen und Hanf mit etwas weißer Hirse und ungeschältem Hafer; auch kleiner Mais und mit Vorliebe süße Früchte.

Das Gesammtgefieder ist grasgrün, auf Rücken und Flügel dunkler und unterseits gelblicher. Ein schwarzer, sich zu einem Kinnbart herabziehender Backenstreif grenzt an das rosarothe Halsband, das am Hinterkopf ins hell lila-blau übergeht. Der Schnabel ist karminroth, die Füße röthlich-grau. Das Weibchen ist einfach grün und nur im Alter wird bei ihm ein dunkelgrünes Halsband sichtbar.

Der Pflaumenkopfsittich (*Psittacus cyanocephalus*) ein hübscher und etwas kleinerer Sittich wie der Vorige und nicht so lästig durch unangenehmes Schreien, wird aber gleich diesem zahm und sehr zutraulich. Heimath das indische Festland und Ceylon. Auch der Pflaumenkopfsittich hat bereits mehrmals in der Gefangenschaft erfolgreich gebrütet. Futter wie bei dem Vorigen.

Der Kopf ist purpurroth, nach dem Hinterkopf zu pflaumenblau schillernd; die Kopfzeichnung wird von der grünen Gesammtfarbe des Vogels durch ein schwarzes

Halsband und Bartstreif, welches sich bis zum Unterschnabel hinzieht, getrennt. Außerdem ziert den Nacken noch ein hellblau-grünes Band. Schulterfleck rothbraun, das übrige Gefieder mit Einschluß des in eine lange Spitze endigenden Schwanzes grasgrün. Oberschnabel gelblich-weiß, Unterschnabel schwärzlich und Auge perlweiß. Das Weibchen ist unscheinbar gefärbt; einfarbig grün mit aschbläulich angehauchtem Kopf und breitem grünem Halsband. Größe wie die einer Drossel.

Man unterscheidet noch den **rosenrothköpfigen Edelsittich** (*Psittacus rosiceps*), bei welchem der Kopf mehr fahl rosa-roth ist und das grüne Nackenband fehlt.

Der Keilschwanz- oder **Kaktussittich** (*Psittacus cactorum*) in der Größe dem Vorigen gleichkommend, stammt aus Brasilien, wo er sich besonders in den mit hohem Kaktus bestandenen Gegenden in großen Flügen aufhält und an den saftigen Früchten der Kakteen und den Beeren niedriger Sträucher gütlich thut. Auch dieser Sittich wird bei guter Behandlung zahm und zutraulich und lernt manchmal einige Worte sprechen.

Stirn und Oberkopf bräunlich, Zügel, Wangen und Ohrgegend lebhaft grün, Kehle, Halsseiten wie der obere Bauchtheil olivengrünlich ins braune überspielend; Unterbrust und Bauch hochgelb, alles übrige Gefieder grün und der Schnabel weißlich horngrau. Futter wie beim Alexandersittich.

Der Nymphensittich (*Psittacus Novae-Hollandaise*) einer der anmuthigsten und trotz seiner einfachen Färbung einer der schönsten Sittiche. Im Innern Australiens vorkommend, vereinigen sich zu großen Schaaren an den Tränkplätzen, laufen emsig nach Nahrung suchend auf dem Boden umher, fliegen aufgescheucht durch das geringste Geräusch auf die nächsten hochstehenden Bäume, um bald wieder nach eingetretener Ruhe dem Futtersuchen nachzugehen. In seiner Heimath nistet er immer in der Nähe von Gewässer und läßt während des Fluges sein durchdringendes Geschrei ertönen. Die Nistzeit beginnt dorten in den Monaten Februar und März; sie brüten, und zwar im Gegensatz zu anderen Sittichen das Gelege, gewöhnlich in 4—6 Eier bestehend, gemeinschaftlich aus, wie auch die Aufzucht seitens der Alten getheilt wird. Doch fällt dem Männchen hier der Hauptantheil zu.

In der Gefangenschaft beginnen sie oft bereits im September zur Brut zu schreiten und meist ist diese erfolgreich. Der Nymphensittich wird bei pfleglicher Behandlung zahm und zutraulich und ist sonst ein ruhiger Vogel, der oft stundenlang auf einer Stelle hockt; geräth er dann in Bewegung, so klettert er behend von seiner Stange herunter und trippelt mit hocherhobenem Kopf, angenehm pfeifende Töne von sich gebend, in seinem Käfig umher.

Kenntlich durch den auffallend hohen, spitzen Federbusch ist dieser wie das Gesicht schwefelgelb, letzteres mit rothem, an dem äußeren Rande schwachverlaufendem Backenfleck geziert, die dem Gesicht etwas keckes doch anmuthiges verleiht. Augen schwarz mit hellgrauem Augenring. Schnabel schwarz-grau und Füße grauröthlich. Das übrige Gefieder ist hell aschgrau mit breiter, weißer Flügelbinde, Schwingen dunkler schwärzlich-grau. Das Weibchen ist fast gleich gefärbt, doch ist die Haube mehr gelblich-grau, auch das Gesicht und der Wangenfleck erscheinen schmutziger. Größe die einer kleinen Taube. Futter wie der Alexandersittich.

Der Blumenau- oder **Grassittich** (*Psittacus tirica*) ein einfarbiger, grüner, aber äußerst munterer und lebhafter Sittich mit schriller, gellender Stimme, der sich über ganz Brasilien oft in erheblich großen Schaaren verbreitet.

Im Käfig oder in der Vogelstube zeichnet er sich durch seine Zerstörungswuth aus; mit Beharrlichkeit benagt er alles erreichbare Holz, ja selbst in unserer Vogelstube den Mörtel bis auf die Steine. Sie gewöhnen sich leicht an den Pfleger und werden leidlich zahm.

Sein Gefieder ist einfarbig grasgrün, auf dem Rücken dunkler und der Unterseite heller gefärbt und nur in den Flügeln zeigt sich wenig blau. Das

Weibchen ist etwas düsterer gefärbt. Schnabel hell röthlich, Wachshaut weißgrau, Augen braun, Füße schmutzig fleischfarben.

Der Mönchsittich. (*Psittacus monachus.*) Ein einfach gefärbter Sittich, bekannt als arger Schreier. Trotzdem er im allgemeinen nicht besonders liebenswürdig ist, werden doch einzelne Exemplare sehr zutraulich und zahm.

Der Mönch- oder **Quäker-Sittich** kommt in Südamerika ziemlich häufig vor, vereinigt sich oft zu großen Flügen und wird dann den Plantagen durch seine Verwüstungen äußerst schädlich. Er ist der einzige Sittich der ein freistehendes Nest baut. Dasselbe wird meist gemeinschaftlich angelegt und bezogen, besteht aus Reisern &c. und hat eine kugelige Form; das Einschlupfloch wird seitlich angebracht. Das Gelege besteht aus 3—4 weißlichen Eiern. Der Mönchsittich brütet auch in der Gefangenschaft und ist ziemlich hart und ausdauernd. Futter wie der Alexandersittich.

Kopf, Vorderhals und Brust sind perlgrau, jede Feder mit etwas dunklerem Endsaum, Oberseite grasgrün, Mantel dunkel grün-bräunlich. Unterbauch, Schenkel und untere Schwanzdeckfedern gelblich-grün, Schnabel hellgrau und Füße bräunlich-grau.

Der Goldstirn- oder **Halbmond-Sittich** (*Psittacus aureus*) einer der gemeinsten Sittiche Südamerika's. Anmuthiger und sanfter Vogel, der einzeln im Käfig gehalten sehr zahm und zutraulich wird; auch wohl einige Worte sprechen lernt. Er fällt weniger wie der Vorige durch Schreien lästig, obschon er wie alle Papageien von seiner Stimme zuweilen unangenehmen Gebrauch macht.

Seit zwei Jahren besitzen wir ein Paar Goldstirnsittiche, die in einer großen Voliere mit genügend Nistgelegenheiten untergebracht sind, ohne daß sie bis jetzt Anstalt zu einer Brut gemacht haben. Dagegen haben sie sich als äußerst widerstandsfähig erwiesen, da sie den verflossenen strengen Winter in ungeheiztem Raum zubringen mußten, ohne irgend Schaden zu nehmen. Futter wie der Alexandersittich.

Der Goldstirnsittich hat an Stirn und Vorderkopf eine halbmondförmige orangegelbe Zeichnung und ein gleichfarbiger Ring zieht sich um's Auge; der Oberkopf ist blau-grün, die Oberseite des Körpers dunkel grasgrün, Wangen und Hals bis herunter zur Brust bläulich-gelb, Brust und Bauch licht orangegelb. Schnabel schwarz und Füße schwärzlich-grau. Das Weibchen ist wenig kleiner und die Kopfzeichnung matter, sonst ist es schwer vom Männchen zu unterscheiden.

Der Nanday-Sittich (*Psittacus nanday*) in Paraguay heimisch. Dieser Sittich wird sehr zahm und besonders gegen seines Gleichen äußerst zärtlich und verträglich. Ihr Benehmen ist ein drolliges, da sie immerfort in Bewegung sind; knixend, hüpfend, die Federn sträubend tanzen sie auf der Sitzstange ihres Käfigs umher und wenn sie auch schreien, so ist ihr Geschrei doch nicht so durchdringend wie bei manchen andern Sittichen. Er hat die Größe des

Goldstirnsittich, erscheint aber etwas schlanker. Futter wie der Vorige.

Stirn, Oberkopf und Wangen schwarz, nach dem Hinterkopf zu dunkelbraun, Oberseite grasgrün, am Bürzel gelblicher, Kehle und Oberkopf bläulich-grün, Bauch und Hintertheil gelb-grün, Schenkel scharlachroth, Flügel dunkelgrün, Schwingen indigoblau ebenso die Schwanzfedern; Schnabel schwärzlich-grau und Füße bräunlich-grau.

Der Jenday-Sittich (*Psittacus jendaya*) ist in Südamerika vornehmlich in Brasilien zu Hause. Einer der angenehmsten Sittiche die auch besonders durch ihre Farbenpracht sehr geschätzt sind. Er läßt sich leicht zähmen und ist dann einer der zutraulichsten Käfigvögel. Futter wie der Alexandersittich.

Kopf, Hals und Brust sind orangegelb, an den Seiten, der Bauch und Hintertheil hyazintroth, ein ebenso gefärbter Fleck befindet sich an den unterseitigen Flügeldecken; der Rücken, die Flügel und der Schwanz sind schön gelblich-grün. Schnabel schwarz, Füße grau. Die Färbung ist je nach Alter ziemlichem Wechsel unterworfen.

Der Rosella- oder **Buntsittich** (*Psittacus eximus*) ein australischer Vogel und wohl der farbenprächtigste Sittich überhaupt. In seinen Eigenschaften unterscheidet er sich nicht wesentlich von seinen Verwandten; obschon im allgemeinen ein zugänglicher Vogel, der wenn auch nicht anhaltend, so doch zuweilen sein unangenehmes Geschrei ertönen läßt und gegen andere Sittiche wenig verträglich erscheint, wird er doch bei pfleglicher Behandlung sehr zahm, lernt aber selten einige Worte sprechen. Auch der Rosella-Sittich nistet in der Gefangenschaft mit Erfolg. Futter wie bei den Vorigen.

Kopf, Hals und Brust hoch karminroth, ebenso die unteren Schwanzdecken; Wangen und Kehle weiß. Oberrücken und Mantelschwanz breit gelb gesäumt, Schwingen und Flügeldecken blau, ebenso der Schwanz. Bauch und Bürzel grün, Schnabel weiß-gelblich-grün, der Oberschnabel am Grunde dunkel horngrau, Füße graubraun mit schwarzen Krallen. Hat etwa die Größe einer Dohle.

Vorstehend sind nur die gangbarsten Sittiche wie sie der Handel meist bringt, angeführt; es kommen jedoch noch eine Menge anderer Sittiche, wenn auch nur vereinzelt, auf den Markt, die hier anzuführen, wegen des beschränkten Raumes nicht angeht.

Zwergpapageien.

Zwergpapagei mit orange-rosenrothem Gesicht oder **rothköpfiger Inseperable** (*Psittacus pularius*) ist ein Afrikaner und obwohl im Süden vorkommend, so doch auch häufig im Westen Afrikas anzutreffen. Der Rosenpapagei wie er gewöhnlich genannt wird, ist wohl der schönste Zwergpapagei, dabei von ungemein liebenswürdigem Benehmen, so daß er selten durch sein Geschrei störend wird. Er hat die Größe eines Sperlings, klettert vorzüglich ist besonders zuthunlich untereinander und ein Päärchen Rosenpapageien, bieten in ihrer Eintracht, ihren Liebkosungen und dergl. ein Bild ungestörten Familienglücks.

Auch dieser kleine Papagei schreitet im Käfig oder in der Vogelstube zur Fortpflanzung und die Niststoffe tragen sie auf eine eigne Art zu Neste. Das Weibchen steckt die zersplissenen Holzspäne zwischen die Federn des Rückens und trägt dieselben so zum Nestbau. Der Rosenpapagei ist nicht weichlich, sogar gut ausdauernd und daher für den Käfig sehr zu empfehlen. Futter: Senegalhirse und Kolbenhirse.

Stirn scharlachroth, Wange und Hals rosenroth, Bürzel obere Schwanzdecken himmelblau, Schwanzfedern am Grunde roth, mit folgender grüner, schwarzer und bläulicher Querbinde; das übrige Gefieder grasgrün, unterseits etwas heller. Schnabel gelblich weiß-grau und Füße bläulich-grau.

Der grauköpfige Zwergpapagei (*Psittacus canus*) kommt auf Madagaskar vor und ist auf dem Vogelmarkt eine häufige Erscheinung. Sowohl im Käfig wie in der Vogelstube sind es ausdauernde Vögel, die auch mit Erfolg nisten, wenn die Einrichtung ihres Käfigs zweckentsprechend ist; am besten gedeiht er in der Vogelstube aber es ist nöthig, daß diese an einer Seite mit strauchartigen Pflanzen besetzt und ihm allein angewiesen wird, da er sich nach unseren Erfahrungen, von anderen Arten zu leicht stören läßt und dann seine Brut vernachläßigt. Futter: Kanariensamen und weiße Hirse je zur Hälfte. Das Männchen ist grasgrün mit grauem Kopf, das Weibchen einfach grün, Schnabel und Wachshaut grauweiß, Füße grau mit schwarzen Krallen.

Der Sperlingspapagei (*Psittacus passerinus*) ist in Südamerika heimisch und sehr häufig. Es sind allerliebste muntere Vögel, die eifrig an den Drähten ihres Käfigs oder in dem Strauchwerk der Vogelstube herumklettern. Ihre Stimme wird nicht durch grelle Töne unangenehm, fast könnte man dieselbe als melodischen wenn auch armen Gesang bezeichnen. Sehr ausdauernd, schreiten leicht zur Fortpflanzung und meist mit Erfolg. Futter wie beim Vorigen.

Die Größe ist die unseres Sperlings, doch erscheinen sie durch ihr volles Gefieder etwas plumper. Farbe einfach saftig grün, welches unterseits etwas heller ist, nur Bürzel, Unterflügel und Flügelränder sind schön kobaltblau. Schnabel, Wachshaut und ebenso die Füße hellgrau.

Übersicht geänderter Textstellen

In der Reihenfolge ihres Auftretens und unter Verwendung des folgenden Formats enthält:
- die obere Zeile jeweils den Text des Originals,
- die darunter den geänderten Text der Transkription.

Seite 4
nicht ertragen uud es ist absolut nöthig
nicht ertragen und es ist absolut nöthig

Seite 4
wie jedem andern Thier in der Gefangenfchaft
wie jedem andern Thier in der Gefangenschaft

Seite 6
füllt den Kropf uud kehrt schleunigst zum Nest zurück.
füllt den Kropf und kehrt schleunigst zum Nest zurück.

Seite 9
Die so hergestellten Nester werden von den Sittichen
Die so hergestellten Nester werden von den Sittichen

Seite 9
dann Banmzweige. von welchen Weiden bevorzugt
dann Baumzweige, von welchen Weiden bevorzugt

Seite 9
höchstens in ganz geringer Qnantität
höchstens in ganz geringer Quantität

Seite 10
kleiner nnd weniger grell von Farbe;
kleiner und weniger grell von Farbe;

Seite 10
auch „Türkisin" geuannt und aus Australien stammend.
auch „Türkisin" genannt und aus Australien stammend.

Seite 11
Das Weibchen ist weniger lebhaft gefärbt,
Das Weibchen ist weniger lebhaft gefärbt,

Seite 11
Stirn und Flügel sind matter nnd schmäler

Stirn und Flügel sind matter und schmäler

Seite 11
ziemlich häufig nnd unter den Sittichen
ziemlich häufig und unter den Sittichen

Seite 12
Auch der Pflaumenkopssittich hat bereits mehrmals
Auch der Pflaumenkopfsittich hat bereits mehrmals

Seite 12
Der Keilschwanz oder **Kaktussittich**
Der Keilschwanz- oder **Kaktussittich**

Seite 12
Wangen und Ohrgegend lehhaft grün,
Wangen und Ohrgegend lebhaft grün,

Seite 13
sie brüten, nnd zwar im Gegensatz zu anderen
sie brüten, und zwar im Gegensatz zu anderen

Seite 13
von seiner Stange herunter nnd trippelt
von seiner Stange herunter und trippelt

Seite 13
Der Blumenau oder **Grassittich**
Der Blumenau- oder **Grassittich**

Seite 14
einzelne Exemplare sehr zutraulich uud zahm.
einzelne Exemplare sehr zutraulich und zahm.

Seite 14
Der Goldstirn oder **Halbmond-Sittich**
Der Goldstirn- oder **Halbmond-Sittich**

Seite 14
Der Goldstirnstttich hat
Der Goldstirnsittich hat

Seite 14
an Stirn nnd Vorderkopf
an Stirn und Vorderkopf

Seite 15
Schenkel scharlachrolh, Flügel dunkelgrün,

Schenkel scharlachroth, Flügel dunkelgrün,

Seite 15
Schwingen und Flügeldeckcn blau,
Schwingen und Flügeldecken blau,

Seite 16
tragen sie auf eine eigne Art zu Neste.
tragen sie auf eine eigne Art zu Neste.

Seite 16
Stirn scharlachrot, Wange und Hals rosenroth,
Stirn scharlachroth, Wange und Hals rosenroth,

Seite 16
das übrige Geefider grasgrün,
das übrige Gefieder grasgrün,

Seite 16
Kanariensamen und weise Hirse
Kanariensamen und weiße Hirse

Seite 16
in Südamerika heimisch uud sehr häufig.
in Südamerika heimisch und sehr häufig.

Seite 16
in dem Straucherk der Vogelstube herumklettern.
in dem Strauchwerk der Vogelstube herumklettern.